AF242301

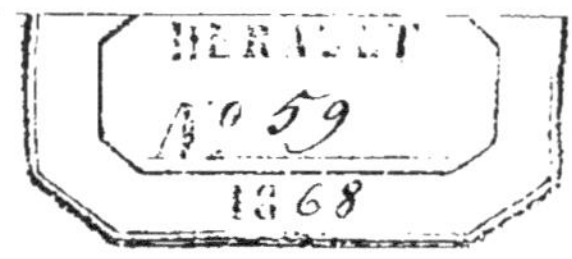

PROSPER SERVEL

DE MONTPELLIER,

POÈTE CUL-DE-JATTE.

SA VIE ET SES ÉCRITS.

———▷—✳—◁———

ÉTUDE PSYCHOLOGIQUE, MORALE ET LITTÉRAIRE,

PAR

PAULIN BLANC,

Bibliothécaire de la Ville et du Musée-Fabre.

———▷—✳—◁———

<table>
<tr><td>MONTPELLIER,</td><td>PARIS,</td></tr>
<tr><td>FÉLIX SEGUIN LIBRAIRE,</td><td>DURAND & PÉDONE LAURIEL</td></tr>
<tr><td>rue Argenterie 25.</td><td>Libraires, rue Cujas 29,</td></tr>
</table>

1868

PROSPER SERVEL

DE MONTPELLIER,

POËTE CUL-DE-JATTE.

—

SA VIE ET SES ÉCRITS.

I.

Il y a trois mois environ, le 31 janvier dernier, une affluence nombreuse, mêlée d'ouvriers et de personnes de conditions sociales diverses, à la tête de laquelle marchaient, dans une attitude de douleur digne, un père et un frère puîné, se pressait au convoi funèbre d'un jeune homme de notre ville, âgé de 29 ans à peine, et resté complètement podagre plus de la moitié de sa courte vie.

Prosper Servel était son nom, et ce nom n'est pas inconnu à la presse méridionale, qui, — il y a trois années, — par un de ses principaux organes, le *Messager du Midi*, lui a accordé des témoignages de sympathie littéraire.

Prosper Servel appartenait à une famille d'ouvriers honnêtes et aisés, et il serait devenu lui-même ouvrier, si, dès l'âge de 14 ans, et tout au sortir de l'École primaire, il n'avait été atteint par une affection très-sérieuse du système musculaire, portant en elle en germe une oblitération progressive de tout le système; laquelle, à un temps donné, devait enlever sous ses yeux son frère aîné, et malgré tous les secours de la science pris à leur source la plus haute, ne pouvait manquer de lui être également fatale. Chose remarquable! la même affection, à d'assez grandes distances, les aura frappés l'un et l'autre presque au même âge [1].

Aussi, quand Prosper Servel, dans le cours de 1857, reçut le nouveau coup qui, à moins de deux ans de là, devait emporter d'auprès de lui son frère aîné à l'Hôpital-général de Montpellier, où

[1] Prosper, né le 19 août 1838, mourait le 29 janvier 1868, peu avant sa 50e année: Pierre, son frère aîné, né le 5 novembre 1828, mourait le 13 juillet 1859, peu après le même âge; mais rien dans les conditions physiques de la famille n'était de nature à faire prévoir ces catastrophes. La mère des défunts, assez nerveuse il est vrai, est morte jeune, mais dans des conditions ordinaires. Leur père, en pleine maturité de vie, non encore voisin de la vieillesse, est remarquable par une vigoureuse santé; le plus jeune frère, que le tirage au sort va bientôt appeler, pourra prendre place parmi les grenadiers, si le sort lui est contraire.

il l'avait précédé, et lui faire pressentir pour lui-
même de sinistres présages, il dut, bien que très-
jeune, y lire un enseignement moral dont les
fruits devaient éclore plus tard.

Leurs couchettes de douleur, — ils l'avaient
ainsi voulu, — étaient juxtaposées à la salle des
Incurables dans l'hospice, où, par une faveur
exceptionnelle, l'Administration avait consenti à
recevoir deux malades de la même famille. A la
mort de son frère, qui eut lieu en 1859, Prosper
Servel n'avait pas encore 21 ans. Alors, ne pouvant plus supporter son isolement, il demanda à
rentrer au sein de sa famille, dont les soins pieux
ne lui ont jamais fait défaut [1].

Mûri avant l'âge par la douleur physique, il
avait senti en lui-même qu'il fallait demander à
l'étude élevée des distractions et des adoucisse-
ments. Mais quelle force de volonté il fallait pour
cela ! Rien moins que celle du philosophe stoïcien
qui, pour engourdir sa peine, s'écriait : « O douleur, tu n'es pas un mal ! » Quelle perspicacité
pour comprendre la nécessité de meubler son

[1] M. le professeur Courty, alors et encore aujourd'hui
chargé en chef du service chirurgical audit hospice, et qui a
donné ses soins à l'un et à l'autre, veut bien m'autoriser à dire
que, d'après le résultat de l'autopsie cadavérique pratiquée
sous ses yeux sur le frère aîné, l'affection qui emporta celui-ci,
et qui a sans doute été commune à l'autre, doit être caractérisée
ainsi : « une paralysie musculaire produite par une atrophie
progressive des cordons antérieurs de la moëlle épinière. »

cerveau de faits et d'idées nouvelles qui y manquaient absolument, ou du moins qui ne dépassaient pas la hauteur des données de l'enseignement primaire ! Quelle fatigue pour atteindre ce but ! Et remarquez qu'il n'avait d'autre guide que sa volonté de fer et sa sagacité instinctive ! Puis, les instruments de travail ne lui manquaient pas moins. Pas un livre dans la maison, ni les moyens d'en acheter !

Un parent de Prosper Servel, riche et habitant Paris, voulut lui venir en aide ; il lui envoya, vers la fin de 1860, à titre de don, une petite bibliothèque, composée d'un choix de classiques français, poëtes et prosateurs. Les œuvres de Victor Hugo y étaient, et je note ici cette circonstance, qui donnera plus tard satisfaction à une certaine critique portée sur son œuvre par un grand maître classique.

La joie de Prosper Servel fut immense : la possession inespérée d'une grosse somme d'argent ne l'aurait pas rendu plus heureux, m'assure son père.

II.

Il est vrai que déjà, en 1854, dès le prélude de sa maladie, Prosper Servel avait eu un avant-goût de cette jouissance. La famille était alors à Cette, où elle demeura quelques années. Désespérant de faire jamais de Prosper un ouvrier pouvant porter son contingent aux besoins de la famille, le père obtint de le faire admettre comme commis dans une maison de librairie. Alors l'inspiration première se confirma : la pâture était là ; elle lui plut, et, grâce à la complaisance du patron qui le devinait, il put s'en donner à cœur joie [1].

Mais Prosper Servel n'avait pas attendu la bonne fortune qui devait lui arriver de Paris en 1860, pour se livrer aux travaux de l'imagination.

Déjà, depuis son entrée à l'hospice, il avait écrit maintes pièces de vers, peut-être ébauché quelques compositions dramatiques, qu'il eut à réviser et achever plus tard. Je rendrai compte de cela à la fin de mon travail. Je l'appelle — qu'on daigne me pardonner l'expression ! — la première période de la vie littéraire de Prosper Servel.

La seconde, — c'est par le compte-rendu de celle-ci que va commencer cette étude, — bien que peu volumineuse par ses œuvres, s'accuse du moins par leur impression. Par elle vivra le nom de Servel, s'il est destiné à vivre ; en tout cas, la critique et une critique autorisée lui aura été bienveillante.

Cette période s'ouvre pour lui dès les premières

---

[1] Ce patron, je suis heureux de donner ici son nom, c'était M. Patras. Les deux frères de ce nom avaient alors maison de librairie à Montpellier et à Cette, lesquelles se continuent dans la personne de leurs suscesseurs.

années qui, en 1859, suivirent sa sortie de l'hospice. Prosper Servel avait le pressentiment de la précocité de sa fin ; et cela élevait surtout sa pensée vers le mode élégiaque et les horizons sereins.

III

Voilà donc Prosper Servel installé vaille que vaille dans la maison paternelle. J'ai parlé de sa bibliothèque ; négligerai-je de parler de son cabinet de travail ? C'était (on me pardonnera ces vulgarités, qui cependant ne sont pas sans intérêt dans mon sujet, et qui expliquent combien sa pensée savait se dégager des milieux infimes), c'était, en l'appelant par son nom, la cuisine commune, où une place avait été réservée à Prosper Servel pour son bureau et pour son petit corps de bibliothèque. Le calme y régnait pourtant ; et tandis que la famille était occupée au dehors pour les travaux du jour, il y vivait, lui, sous la garde d'une vieille parente. Si je ne craignais de pousser trop loin les détails, je dirais que, cloué sur sa chaise comme le rameur dans son batelet, il y manœuvrait sa personne, de sa chambre, attenante à la cuisine, à son bureau, et de son bureau à la croisée, où on le hissait sur ses coudes afin de lui procurer l'aspiration de l'air et les distractions de la rue.

Mais notre poëte avait aussi ses personnes de service : un jeune cousin fort aimable, qui l'aidait dans ses copies et ses mises au net, et, à certaines heures, un homme de service chargé de porter ou d'expédier au dehors sa frénétique correspondance, et dont l'échine était à sa disposition quelquefois, mais très-rarement, le matin, pour aller visiter un confrère maltraité comme lui dans tout autre genre [1] ; le soir, devant une scène folâtre [2], ayant son écho dans une feuille légère, *le Papillon*, et qui avait Prosper Servel pour un de ses principaux rédacteurs. Il n'en était guère fier, sans doute, mais cela lui maintenait la main.

Et ne croyez pas que ce *salon* fût désert ; au contraire, il avait (je parle surtout des derniers temps) ses habitués et ses simples visiteurs : des poëtes [3], des gens de lettres, des amis de la poésie

---

[1] **M.** Redarez Saint-Rémy. Il est auteur de deux volumes de poésies traduites ou imitées de l'antique : *Sapho* et *Anacréon,* de plusieurs volumes de poésie descriptive, et enfin d'une comédie en cinq actes et en vers : *le Bourgeois aristocrate,* qui a été favorisée ici des honneurs de la scène. Tous ces ouvrages sont imprimés. L'auteur, depuis peu d'années, se trouve frappé d'une cécité absolue.

[2] Au Casino.

[3] J'ai nommé **M.** Redarez Saint-Rémy ; je dois nommer encore le poëte ferblantier, Hippolyte Roch, connu pour son volume de poésies patoises : *lou Portafuïa dé l'ouvrié,* et à la bonne fortune duquel j'aurai plus tard à faire allusion ;

et de la musique, la musique à laquelle P. Servel désirait demander l'interprétation de plusieurs de ses œuvres. Il y avait encore des personnes de conditions élevées, tous venant là apporter des consolations, et plusieurs des livres à lire : attention à laquelle le malade était surtout sensible.

IV.

C'était émouvant à voir que cette pauvre créature humaine ! Cul-de-jatte [1], comme le fut Scarron, mais moins bien partagé que lui, — lui qui du moins, au dire de Mme. de Maintenon, avait libres les mouvements des mains, de la langue et des yeux, — Prosper Servel, largement doué d'ailleurs du côté du développement physique, n'avait de libres que les mains et la tête ; quant à la langue, elle était embarrassée : en un mot, il représentait un véritable tronc humain. Mais ce tronc était couronné par une tête où le jeu de la physionomie s'harmonisait merveilleusement avec le vif éclat des yeux. On voyait bien que, dans la lutte suprême qui avait eu lieu et

M. Achille Montel, auteur d'une épitre en vers, en réponse à M. Renan, qui a paru ici en 1864 sous le titre de *Jésus et la liberté*, et autres.

[1] Si les hommes spéciaux me contestaient cette expression comme non justifiée par l'état physique du sujet, je les prierais de me la pardonner. Je l'emploie dans un sens figuré.

qui se maintenait tous les jours entre le physique et le moral, si la partie matérielle avait été vaincue, la partie immatérielle avait vaincu et avait pris la place d'honneur au cerveau ; en un mot, contrairement au dicton philosophique, on pouvait dire de ce composé humain que c'était *une intelligence non servie*, ou plutôt *mal servie par des organes*, et qui, sans doute, se servait elle-même.

Dans ce creuset intellectuel où aboutissait la corde distendue des forces physiques, la faculté de la mémoire avait pris une large part, et elle était excellente.

Au demeurant, aux heures de rupture de son isolement, et dans ses rapports avec les visiteurs que les sympathies morales et littéraires appelaient auprès de lui, l'humeur du malade se montrait gaie, rieuse, s'épanchant même quelquefois en éclairs drolatiques, inspirés peut-être par les souvenirs de la vie du maître. Le fond, nul n'en pouvait juger.

Donc, le labeur dut être long et pénible. Il fallut lire et beaucoup lire, méditer et beaucoup méditer, mettre des faits et dégager des idées là où il n'y avait ni faits ni idées. A la fin le fruit germa, la plume se mit de la partie en ébauches diverses.

Le premier jet, — Servel avait à peine 19 ans, — s'était épanché, au commencement de 1857, dans un acrostiche écrit par reconnaissance à la mémoire d'un professeur-agrégé de notre Faculté,

M. Raymond Broussonnet, de l'illustre lignée scientifique des médecins de ce nom, qui lui avait donné ses soins à l'Hôpital-général en qualité de médecin en chef, et qui s'éteignait prématurément à l'âge de 51 ans [1].

Plus tard, la muse élégiaque tintait aux oreilles du malade et lui donnait ses encouragements confirmés par l'adhésion de juges compétents. Tout alla tant et si bien, et à la fin l'écrin était si bien rempli, que, dans le courant de l'année 1865, les *Essais poétiques* de Prosper Servel parurent à la typographie Gras, en un volume de près de 240 pages, sous le titre de : *les Feuilles mortes,* titre fatidique, qui, par la volonté de l'auteur, recélait en lui-même une sorte de vaticination funèbre !

Les frais d'impression furent couverts par une cotisation volontaire de nombreux souscripteurs. Sous l'initiative de M. le maire Pagezy, le Conseil municipal s'associa à cette œuvre par la prise d'un bon nombre d'exemplaires. Notre illustre préfet d'alors, M. Pietri, honora l'auteur de ses plus chaudes sympathies. J'ai dit que le *Messager du Midi,* par la plume d'un de ses plus vaillants collaborateurs, décerna à Prosper Servel des éloges, mais des éloges restrictifs. Et il avait

---

[1] Il fut remplacé par M. le professeur Combal, toujours en fonctions, et qui a connu et soigné Prosper Servel.

raison : son vers n'a pas toujours la valeur de celui que l'indignation produisait chez le poëte antique ; mais les sentiments de la douleur physique et de la résignation chrétienne et morale peuvent être aussi de bons conseillers, et ils se traduisent souvent chez lui en vrais accents poétiques.

Les plus hautes notabilités dans l'administration, dans la magistrature et dans l'armée, daignèrent s'associer à l'initiative municipale et avaient consenti à honorer plusieurs de ces pièces du patronage de leur nom. Parmi ces noms, il en est un que l'on me saura gré de mettre ici en relief, celui du général Yusuf, cet illustre général ami du pauvre, honoré et chéri de tous, dont la mort prématurée fut l'objet d'un deuil public, et dont la mémoire vivra à l'avenir au milieu de nous à l'état légendaire. Le général, sur la proposition d'un jeune officier attaché à son service, que j'aurai à nommer plus tard et qui faisait partie du cercle Servel, avait bien voulu accepter la dédicace de l'une des pièces lyriques qui terminent l'œuvre poétique en question, celle qui a nom *Henri IV*.

V.

Mais où donc Prosper Servel a-t-il puisé la perception des grands spectacles de la nature, les sentiments de la couleur poétique qui débordent dans son livre, et en font jaillir à son profit et au profit d'autres les grands enseignements moraux ? — La nature ! Il ne la connaît que par les livres ; et, s'il l'a vue, c'est au temps de son adolescence, c'est-à-dire à l'époque où elle était impuissante à lui apporter des impressions.

Sa propre ville natale ! Il la connaît à peine par les yeux. Notre Peyrou, ce magnifique champ de rêverie pour le poëte et d'étude pour l'artiste, le philosophe et le savant, et de qui l'Empereur Joseph II, le visitant un jour, disait en s'écriant : « Mais où est donc la ville ? » indiquant par là que les hommes étaient impuissants à donner un accompagnement digne à ce splendide tableau !... Notre Peyrou, du plus loin qu'il s'en souvienne, il ne l'a vu qu'une fois, en 1859, le jour des ovations faites à un grand groupe des vainqueurs de l'armée d'Italie. Ce qu'il a pour lui, ce sont les bienfaits de la lecture, de la méditation, de la mémoire qui ne perd rien, en un mot du feu créateur. Je ne crois pas être exagéré ; plus tard je produirai mes preuves, et elles me viennent de haut.

Mais il a un autre stimulant, qui d'ordinaire chez autrui, dans des circonstances analogues, a produit la prostration et l'hébétude, et qui, au contraire, relève en lui les forces inspiratrices, à savoir : les accès fiévreux de la douleur physique.

Et ici je me plais à citer une parole que j'ai entendu sortir de la bouche d'un docteur distingué de notre Faculté, M. Franc. Ce docteur, allié par le sang à une de nos grandes illustrations médicales, feu M. le professeur Lallemand [1], dont le nom, grâce à une haute et profitable libéralité, va être inscrit sur un des plus beaux champs de sa gloire; le docteur Franc, voisin de Prosper Servel, voyait beaucoup son malade, et n'a cessé de lui prodiguer ses soins dévoués et désintéressés, depuis sa sortie de l'hospice en 1859 jusqu'à sa fin. Voici cette parole du docteur, appliquée surtout à la circonstance dont je parlais : « Que voulez-vous? Alors la tête était au ciel, le » corps manquait à la terre. »

Et, dans le fait, le beau moment d'inspiration, et il était fréquent, était pour Prosper Servel le moment de la recrudescence de la douleur physique. Cette douleur, il ne la sentait pas, et elle lui apportait comme soulagement et bienfait les effluves de l'inspiration. Alors sa plume ne connaissait pas d'arrêt; et, si on n'y avait pas mis bon ordre, il aurait passé les jours et les nuits assis devant son bureau.

Mais quelquefois la nature humaine prenait

[1] La veuve du célèbre professeur vient d'offrir, comme on sait, à l'Administration des hospices une somme de 20,000 fr., à la condition que le nom *Lallemand* serait inscrit à l'entrée d'une des salles de l'hôpital St.-Éloi, ce qui est déjà exécuté.

le dessus : c'était au moment des observations
critiques. Le docteur Franc recevait la première
confidence des épanchements de la muse; et s'il
se permettait des observations, le malade, si
docile d'ailleurs aux recommandations hygiéni-
ques, les seules applicables au sujet, se regim-
bait fortement. Que voulez-vous ? infirmité d'état !
Genus irritabile vatum [1] !

[1] A propos des douleurs physiques et de leur réaction
nécessaire sur le côté psychologique et moral, j'ai à citer un
fait dont j'ai été témoin, et qui, au point de vue physiologique,
pourrait peut-être prêter matière à observation.

Un jour j'étais auprès de Prosper Servel, et il avait à me
montrer une pièce déposée dans son bureau. Il lui fallait en
soulever la planche. Pour nous, cela aurait nécessité une
dépense de forces insignifiante; il ne pouvait en être ainsi
pour lui. Peut-être le mouvement imprima-t-il une déviation
à son débile centre de gravité : tant il y a qu'en une seconde,
glissant sur sa chaise comme sur une pierre de savon humide,
le voilà précipité à terre et couché sur le ventre dans toute la
longueur de sa personne. Je m'approche ; mais ses extrémités
sont emportées par un mouvement frénétique et vertigineux,
assez semblable sans doute à celui de la torpille ; sa poitrine
oppressée exhale des sons brusques et inarticulés : évidemment
il cherche, pour se soulever, un appui qui, même trouvé,
lui eût été impuissant.... Ahuri de ce triste spectacle, qui
occupe à peine la durée de quelques minutes, j'accours dans
la rue, des aides arrivent, le soulèvent et le replacent sur son
séant. Mais ce qu'il y a de plus triste à dire, d'après les paroles
d'une personne de la famille accourue peu après, c'est que
ces accidents étaient assez fréquents et se renouvelaient
toujours pour des mouvements aussi légers. Prosper Servel,
ajoutait-on, en éprouvait une douleur morale immense : il ne
pouvait se résigner à être vu dans un pareil état.

VI.

Je ne voudrais pas paraître téméraire en hasardant ici des comparaisons, en dehors de la ressemblance physique, au vis-à-vis d'une nature intellectuelle devenue célèbre ; mais on peut croire que Scarron, s'il revenait quelque peu visiter ce monde, reconnaîtrait dans Prosper Servel, sans doute à un point de vue qui ne fut pas le sien, un homme de sa race. Seulement celui-ci a droit auprès de nous à quelque indulgence. Privé des avantages de la naissance, de l'éducation, de la fortune, comme son émule, Prosper Servel se fit poëte pour obtenir des distractions morales ; Scarron se fit poëte quand la fortune et la santé, follement gaspillées par lui, vinrent à lui manquer : l'un commençait sa carrière poétique vers 30 ans ; la vie s'éteignait pour l'autre à peu près au même âge, c'est-à-dire à l'âge de la maturité et de la raison : chez Scarron, le fruit déjà venu était à cet âge en train de sève et de parfum ; chez l'autre, il arrivait à bien, et le voilà qui tombe. Un dernier trait encore : Scarron chercha la diversion et le soulagement dans le fou rire et dans la pensée drolatique ; Prosper Servel, non moins maltraité que lui au physique dès l'entrée de l'adolescence, et complètement dépourvu du côté des études libérales, se fit de lui-même, et trouva, surtout à la fin de la vie, son soulagement dans la pensée spiritualiste fortifiante. Mais, aux heures de la douleur et de l'isolement, où pouvait se trouver l'apaisement? Je le demande.

Soyons donc indulgents pour Prosper Servel de n'avoir pas fait mieux. Si la critique littéraire le tient à distance, la philosophie le couvre de son manteau et l'avouera peut-être comme l'expansion psychologique et morale d'une nature exceptionnelle.

J'ai entendu une personne d'esprit, mais amie du jeu de mot, et peu disposée à louer les travaux de Prosper Servel, dire : « La meilleure œuvre » de sa vie ç'a été de mourir ; il est fâcheux qu'il » ne s'en soit pas avisé plus tôt! » A la bonne heure ! Mais la chose n'est pas en notre pouvoir, et malheur à ceux qui se le donnent à eux-mêmes ! Au contraire, honneur à ceux pour qui la vie devait être un long supplice et qui ont su le supporter !

Qui sait enfin, d'ailleurs, si un récit fidèle de cette vie psychologique et morale, si curieuse, n'appellera pas sur Prosper Servel une sorte de lueur bienfaisante destinée à profiter à ses œuvres ? Les exemples d'espèces prises dans cet ordre d'idées au champ de l'histoire littéraire ne manquent pas, et combien d'existences, aussi peu connues que l'a été de son vivant celle de notre

Scarron méridional, n'ont-elles pas réussi à poindre et à se poser littérairement, si ce n'est par le fait de leur mort ! Mais qui pourrait ambitionner, au prix que l'aurait payé la mémoire de Prosper Servel, un petit brin de gloire littéraire, si modeste fût-il ?

VII.

J'ai parlé du côté religieux et moral des œuvres de Servel et de son application à sa propre personne. Je demande à en citer seulement un exemple ; je l'emprunte, dans *les Feuilles mortes*, à la pièce portant le titre : *Consolation :*

> Ainsi que l'Homme-Dieu sur la montagne sainte,
> Épuisé de douleur, agité par la crainte,
> Du Très-Haut subissait la loi ;
>
> Et, voyant s'approcher le divin sacrifice,
> S'écriait : « O mon père, éloignez ce calice !
> » Mon père, éloignez-le de moi ! »
>
> Ainsi vers le séjour de l'auguste lumière,
> Expirante, mon âme élevait sa prière,
> Exhalait son funeste sort ;
>
> Elle disait : « Ma vie en larmes se consume,
> » Éloignez, ô mon Dieu, ce torrent d'amertume
> » Qui dans ses flots roule la mort !... »

Je pourrais, en demandant grâce pour quelques paroles risquées, multiplier ici ces exemples, en les empruntant à d'autres pièces du livre de Prosper Servel : *Le jeune malade, Veuve à vingt ans; A un Ange,* pièce dédiée à Mme. Pietri, affligée de la mort de son jeune enfant; *A la Pologne,* pièce dédiée à M. Pietri; *A Reboul,* pièce dédiée à M. Pagezy, etc. Je pourrais encore faire des emprunts à quelques-unes des pièces dithyrambiques dialoguées terminant le recueil, et dont j'ai cité une : *Henri IV,* portant, ai-je dit, la dédicace au général Yusuf.....

Mais je m'arrête, et renvoie la critique à l'appréciation d'un juge souverain : le vénérable M. Viennet, au suffrage duquel je pourrais peut-être associer quelque peu celui d'un professeur éminent[1], illustrant à la Sorbonne la chaire qu'il occupa ici avec tant d'éclat.

Voici la lettre de M. Viennet, que j'ai trouvée dans les papiers du défunt; elle est en entier de la main du célèbre académicien.

« Val-St-Germain par St-Chéron (Seine-et-Oise), 9 octobre 1865.

» Monsieur,

» J'ai reçu vos *Feuilles mortes,* qui ne sont pas » si mortes que vous le dites, bien long-temps » après votre lettre; et comme je n'ai pas tou- » jours le temps de lire tout ce qu'on m'envoye, » je ne peux vous dire qu'imparfaitement ce que

---

[1] M. le professeur Saint-René Taillandier. — Sa lettre à Prosper Servel du mois de mars 1866.

» j'en pense : — *Il y a du naturel, du sentiment*
» *dans vos vers. La facture en est en général facile*
» *et élégante.* Mais vous me permettrez de remar-
» quer que....... » (Ici des détails techniques
inutiles et peu faits pour intéresser le lecteur.)

Après cela l'académicien puriste ajoute : « Vous
» avez pour vous *une grande autorité,* je le sais ;
» mais si M... (dirai-je le nom ? pourquoi pas ? les
» princes de l'art sont souvent bons princes ;
» d'ailleurs la vie de celui-ci a toujours été une
» vie de lutte !), si M. Hugo n'avait fait que de
» ces vers-là, je ne donnerais pas *quatre sous* de
» sa gloire. Vous me pardonnerez cette querelle
» de vieux grognard. »

Le « vieux grognard » termine ainsi : « *Ces*
» *taches peuvent disparaître, et je vous réponds que*
» *vos vers n'en vaudront que mieux.* Mais vous avez
» ce que le travail ne donne pas : la verve et l'in-
» spiration.

» Agréez, Monsieur, l'assurance de mes senti-
» ments les plus sympathiques.

» Viennet. »

Quand je faisais mes réserves, à l'encontre de
la critique, en parlant des livres de poésies de
Victor Hugo insérés à Paris parmi ceux envoyés
à Prosper Servel, livres qu'il savait sans doute
par cœur ; n'avais-je pas raison, et ne puis-je pas
remarquer, en passant, quelle facilité il avait à
s'assimiler quelque peu la facture des maîtres ?

VIII.

Mais Prosper Servel, ai-je dit, ne fut pas que poëte élégiaque et dithyrambique : il était et fut surtout à ses premiers débuts, — qu'on veuille bien me pardonner cette expression au point de vue psychologique où je me suis placé, — il fut *de suo* poëte et auteur dramatique.

J'en donnerai plus tard en preuve les nombreuses pièces dramatiques ou fantaisistes que j'ai en mains, et sur lesquelles j'appellerai, à la fin de cette étude, des témoignages écrits, émanés, à l'endroit de l'auteur, de divers princes de la critique littéraire et dramatique parisienne. Sans doute, dans ces pages, la réserve critique se mêle en part plus forte à l'éloge ; mais celle-là même fait rejaillir sur les œuvres en question une certaine valeur. Je m'en expliquerai, au temps voulu, à l'aide de la riche correspondance qui est sous mes yeux, et dont les témoignages furent pour Prosper Servel un dédommagement aux déconvenues que pendant un espace de plus de six ans, de 1859 à 1866, il eut à éprouver à Paris, et ici même, aux abords du seuil dramatique qu'il ne lui fut jamais donné de franchir.

Mais, pour ce qui est de la capacité poétique, je n'ai pas fini de recueillir les traits intellectuels divers qui constituent cette nature privilégiée et multiple.

Tandis qu'à l'hospice, P. Servel rêvait de l'art dramatique, il s'évertuait à la poésie par des travaux à soumettre aux académies de province. En 1859, rentré chez lui, dans la plénitude de sa vie intellectuelle fiévreuse, il s'informe avec soin, par des lettres toujours sympathiquement répondues et que j'ai sous les yeux, des sujets de concours prochains, des conditions d'admission, des dates, de la nature des récompenses, et tout cela sans négliger ses autres travaux et sa correspondance parisienne, dont il espérait de bons résultats. Sans doute, je n'ai pas de couronnes ni de diplômes à produire, mais j'ai en mains de nombreux documents accusant ses envois.

Les académies des Jeux floraux, de Nimes, de Marseille, de Béziers, sans omettre celles de rangs inférieurs, la Société littéraire d'Apt, reçurent l'hommage de ses pièces à concours.

Plus d'une fois même, il rêva le bonheur de faire entendre ses essais à l'Académie française. J'ai la preuve écrite qu'il se mit pour cela en rapport avec les bureaux et en reçut des paroles d'encouragement. Nul n'en savait un mot ici ; mais ces communications portaient au dehors le nom de Prosper Servel.

Puis vienne le jour des grandes fêtes impériales ! Plus d'une fois il aura fourni le texte des chants lyriques exécutés par les orphéons. L'autorité civile leur a donné son approbation ; l'autorité militaire

lui a fait preuve de son bon vouloir. Chose curieuse !
c'est cet être infime, inconnu de tous, cette sorte
d'agrégation immatérielle qui par sa parole anime
la foule chantante : *Mens agitat molem.* Certaine-
ment, si jamais dans le champ de la vie cette
pensée s'est trouvée en position, c'est bien dans
la circonstance actuelle.

IX.

Cependant, lorsque son livre parut en 1865,
une noble confiance soutenant Prosper Servel,
il ne craignit pas d'élever les yeux vers S. M.
l'Impératrice, et, en lui offrant l'hommage d'un
exemplaire de ce livre, il présenta respectueusement à l'auguste Souveraine le récit de sa cruelle
situation. Sans doute, nous ne sommes plus aux
temps où Scarron, noblement écouté dans ses do-
léances, pouvait inscrire sur son brevet le titre
de *malade indigne de la Reine.* Le *Scarron mont-
pelliérain,* pour employer ici la parole du baron
Taylor, n'élevait pas si haut ses visées. Cependant
la gracieuse réponse accordée à son placet lui
inspirait de la foi en un meilleur avenir, et il s'en
exprimait souvent avec chaleur. Que si le placet
n'a pas eu d'autres résultats, c'est sans doute que
le souvenir impérial se sera perdu au milieu des
tableaux écœurants et plus immédiats dont la
vue assiège la Souveraine. J'aurais bien voulu

reproduire ici la réponse de l'Impératrice, mais elle manque aux papiers de Prosper Servel [1].

Un jour Prosper Servel songea pour lui à la famille des gens de lettres ; et celui qui écrit ces lignes, et qui a l'honneur de connaître depuis long-temps le baron Taylor, prit la liberté de lui envoyer le livre de l'auteur, et de solliciter pour ce dernier une admission avec part dans la Société des artistes dramatiques instituée par le baron, et fonctionnant sous son haut et puissant patronage. Vains efforts ! Le nombre des nécessiteux littéraires de la Capitale est si grand, et Montpellier est si loin ! Il fallut se contenter des mots de louange du baron pour l'œuvre et de ses témoignages de sympathie pour l'auteur.

Enfin, dans les derniers temps, le malade rêvait d'arriver à Paris sous forme de ballot, et, rendu là, de se faire porter sur les bancs du public à une grande séance de l'Académie française. Il espérait qu'on voudrait bien l'écouter, et recevoir de sa main l'hommage d'une de ses nombreuses compositions poétiques inédites.

Ces beaux rêves se sont évanouis tout-à-coup, écrivais-je au moment de l'évènement dans la

---

[1] Son confrère en poésie, le poëte ferblantier, Hippolyte Roch, devait être plus heureux. On a lu dans le *Messager du Midi* (27 février 1868) qu'il vient d'être honoré par l'Impératrice d'une médaille d'argent, portant l'image de la Souveraine et en revers le nom du poëte, et à quelle occasion.

feuille locale, où est déposé le germe de cette étude [1].....

La mort, en face de laquelle Prosper Servel vivait depuis longues années, était là, prête à frapper son dernier coup. Le malade le comprit, se soumit, se résigna en chrétien, appela le prêtre et reçut avec ferveur les divins sacrements : ce devait être et ce fut pour le martyr la conclusion de ses dernières aspirations.

X.

J'ai terminé mon récit et mes appréciations sur ce que j'ai appelé la période finale de Prosper Servel, la période purement poétique. Mais chez ce jeune homme, dont la tête était si bien douée et apte à tous les travaux de l'intelligence, l'idée instinctive se manifesta d'abord, ai-je dit, du côté de l'aspiration dramatique. Peut-être espérait-il avoir pour ses œuvres bonne chance au dehors, et se libérer, par les résultats obtenus, des dépenses d'ailleurs bénévolement supportées qu'il occasionnait à sa famille. La poésie élégiaque et mêlée, qui pourtant n'était pas négligée, ne prit donc carrément le premier rang dans sa tête qu'à la suite des déceptions éprouvées au vestibule des temples, dont l'abord est tou-

[1] *Journal de Montpellier* du 8 février dernier.

jours si difficile et le parcours semé de tant d'écueils...... Mais je me trompe et j'aime mieux dire qu'avec toutes les sollicitudes et physiques et morales de la vie de Prosper Servel, ce lui était et ce lui fut un soulagement d'esprit et de cœur.

Quoi qu'il en soit, les envois au dehors de ses élucubrations dramatiques commençaient pour Prosper Servel dans le courant de ses premières années d'adulte, de 1857 à 1858 : à cette époque il était à l'hospice, ayant à peine 20 ans ; et lorsqu'il en sortit, en 1859, son bagage dramatique était déjà assez farci.

Mais ici le denuement intellectuel de Prosper Servel est encore plus grand qu'il ne le sera au jour de la seconde période, la période élégiaque : histoire, cœur humain, passions humaines, fantaisie humaine, règles dramatiques, convenance scénique, surtout, il n'en sait rien, ou il ne sait de tout cela que ce qu'il a pu en percevoir dans le cours de ses lectures. Peut-être même n'est-il jamais allé au théâtre, peut-être n'y ira-t-il jamais ; et lorsqu'à la fin la critique lui aura démontré tout ce qui lui manque de ce dernier côté, il fera de vains efforts pour obtenir en haut lieu la gratuité d'entrée au profit d'un apprenti dramatique placé dans sa position.

N'importe, nonobstant tous ces éléments négatifs placés à l'entrée de sa carrière, l'imagination de Prosper Servel, qui est tout chez lui, s'est enflammée et il est allé de l'avant. Ce qu'il n'a pas compris, c'est qu'il allait commencer par le plus difficile. Peut-être s'est-il dit avec le poëte :

> Et si de réussir je n'emporte le prix ,
> J'aurai du moins l'honneur de l'avoir entrepris.

Nous verrons plus tard que la témérité lui était un peu permise.

Après quelques essais fantaisistes [1], voilà qu'il aspire aux régions héroïques. Avec un atome de matière dramatique dans la tête, il créera successivement trois drames en cinq actes, et dont un en vers.

Cela est merveilleux, mais cela est. Comme le statuaire du bon La Fontaine, P. Servel, placé devant son bloc,

> Qu'en fera, dit-il, mon ciseau ?
> Sera-t-il Dieu , table ou cuvette ?
> Il sera Dieu......

En un autre temps , l'étude comique s'impose à son esprit, et s'exprime sous sa plume par une comédie en vers et par deux vaudevilles. La révision de ses pièces de théâtre; des efforts héroïques tentés mais en vain pour les faire arriver sur

---

[1] Son début est antérieur à 1858 , et il le consigne dans un vaudeville écrit par lui sous ce titre : *Un Jour d'échéance,* vaudeville qu'il n'avouera pas plus tard dans le catalogue de ses œuvres dramatiques , et dont un journaliste qu'il a connu dans le temps à Cette , et passé postérieurement à un journal de Marseille , lui fait espérer la publication dans les feuilletons de ce même journal.

diverses scènes de la Capitale ; une correspondance fiévreuse engagée avec Paris pour cela ; enfin, mais surtout, la poésie élégiaque, qui couronnera sa fin littéraire et en constituera la meilleure partie : tel est son bilan ; il ouvre, pour cette courte vie si pleinement remplie, en 1857, et se ferme par la mort aux premiers jours de 1868.

X.

La couverture du livre de Prosper Servel, paru en 1865, que je n'avais pas lue jusque-là, j'en conviens ; — qui connaissait P. Servel avant cette date, et eût cru un jeune homme placé dans sa condition capable de pareils labeurs ? — la couverture de son livre accuse, dis-je, savoir :

1° LE FILS DU CONVENTIONNEL, récit du temps de la Terreur, — drame en cinq actes et en vers.

2° MARIANO STINCA, — drame en cinq actes et en vers.

3° LE BARBIER DE LOUIS XI, — drame en cinq actes et en prose.

4° L'AMOUREUX MALGRÉ LUI, — comédie en un acte et en vers.

5° LE MOULIN DU DIABLE, — opéra comique en un acte.

6° LE BONHOMME LUCAS, — *Id.* en un acte. [1]

[1] Cet ouvrage n'existe pas dans les papiers du défunt, et on prie les personnes qui pourraient l'avoir de vouloir bien le réintégrer.

A cette série il faut joindre : 1° UN JOUR D'ÉCHÉANCE,

J'ai dit que Prosper Servel avait pour ses œuvres l'ambition — il faut dire la présomption — de la scène dramatique parisienne. Il comptait dans la Capitale deux soutiens: un parent, le donateur de la bibliothèque dont j'ai parlé, et un ami dévoué. Par eux, il put se créer en haut lieu des soutiens et des conseils dramatiques, et obtenir auprès de ceux-ci l'honneur d'un échange de lettres toujours répondues avec une courtoisie parfaite et des avis utiles. Il y a mieux : Prosper Servel désirait pour un de ses opéras comiques un interprète musical parisien ; il ne craignit pas de s'adresser pour cela à un compositeur en vogue, et le maître, s'il ne put correspondre à son désir, ne l'accusa pas du moins de témérité blâmable.

Les personnes ayant leur signature au bas des lettres répondues à Prosper Servel et que j'ai en mains, me permettront de les citer et de reproduire avec réserve quelques-unes de leurs paroles. Il y en a qui s'expriment par la bouche d'un intermédiaire, et j'attends d'elles la même indulgence. Je me bornerai à quelques noms principaux, appartenant les uns à la critique dramatique, d'autres à l'art lui-même. Parmi les premiers, j'ai la bonne fortune de pouvoir citer M. Félix Mornand : parmi les seconds, M. Dutertre, M. Paul Foucher,

vaudeville en un acte, déjà cité, plus tard réduit en saynète ; 2° JEANNE DE NAPLES, drame en vers inachevé. Est-ce tout ? C'est du moins tout ce qui se voit dans les papiers du défunt.

M. Dennery, et enfin une des providences des librettistes de nos jours, M. Victor Massé.

A ces divers noms je pourrais en ajouter d'autres non moins estimables, attachés à divers degrés à l'administration des théâtres : MM. de La Ronnat et Tisserant, de l'Odéon ; Coupart, du Vaude-ville, etc.

· Notre honoré compatriote , M. Léon Guillard , bien qu'il eût à dénier tout accès dans les affai-res de ce genre , et que la chose ne pût attein-dre à la hauteur souveraine de l'exploitation dont il est l'un des chefs au théâtre de la Comédie-Française, figure aussi dans cette liste que termine la célébrité du nom de l'acteur Bocage. Il me semble que pour un cul-de-jatte ne bougeant pas de sa chaise, inconnu presque à sa ville natale, et, à Paris, tombant de la nue, on aurait pu faire de plus mauvais choix et n'être pas aussi écouté.

Eh bien ! tandis que nous ne savions pas ici le plus petit mot de la chose, Prosper Servel avait et eut la bonne chance d'agiter ce beau monde à son profit durant plus de trois ans, de 1859 à 1863, et, s'il n'a pu arriver, obtenir d'eux, du moins, de bons conseils pour se corriger et des paroles d'encouragement pour se maintenir.

Le sort a voulu que Prosper Servel mourût à 29 ans, à l'âge où, dans sa virilité, si son goût n'avait pas alors été ailleurs, il eût pu mettre à profit tous ces avantages.

XI.

J'arrive à mes citations.

Je mets en tête M. Félix Mornand, — hélas! je commençais ces lignes avant qu'il me fût donné de savoir qu'il fallût écrire : *feu M. Félix Mornand !* — l'écrivain qui s'est fait un nom par sa critique dramatique au journal *le Siècle,* puis à *la Patrie,* et par un grand nombre d'ouvrages d'imagination.

Prosper Servel, en quête de soutiens, n'a pas craint de demander à celui-ci ses conseils et son appui, toutes choses que l'éminent critique met à sa disposition par sa lettre du mois de décembre 1861. Bientôt M. Félix Mornand a reçu le drame de notre auteur, *Mariano Stinca,* et, par sa nou-velle lettre du mois de mars 1862, il veut bien annoncer à son correspondant qu'il a lu le drame en question *avec beaucoup d'intérêt,* mais qu'il ne peut y accepter de *collaboration* par la raison puisée dans la spécialité exclusive de ses travaux. Dans une troisième lettre au même à la date du mois d'avril suivant, il se réjouit d'avoir en à *relire le manuscrit,* où il trouve de *fort bonnes choses.* Revenant à l'idée de collaboration dont on lui propose *l'avantage,* s'il continue à la refuser, ce n'est pas pour des motifs compromettants pour l'estime par lui portée à la personne de l'auteur qu'il trouve *trop modeste.* A ses yeux, cependant, il n'y a pas mal de parties à revoir, et il signale les corrections à faire.

Mais, vienne le temps, l'illustre critique aura pour l'auteur des dédommagements d'or.

Je m'explique :

M. Félix Mornand avait composé un certain roman de mœurs. Prosper Servel l'ayant lu s'en éprit, et demanda à son aimable correspondant la permission d'y tailler un drame en vers à offrir à la scène.

M. Félix Mornand accueillit gracieusement la proposition, et, par sa lettre du 26 décembre 1862, il dit à Prosper Servel :

« Je consens de grand cœur à ce que vous
» habilliez *de pourpre et de soie* la petite concep-
» tion romanesque, à forme historique pourtant,
» que me désigne votre lettre. Je fais une seule
» réserve, pour le cas *que j'espère* où votre drame
» *serait joué* et *obtiendrait tous les succès que je lui*
» *souhaite* : c'est que, selon l'usage, il y aurait
» pour *la petite part* à attribuer à l'auteur de l'idée
» première une entente loyale et assurément très-
» facile entre nous.

» Je dis ceci, Monsieur, surtout pour vous
» prouver que je prends votre entreprise *au sérieux,*
» et que je suis heureux, etc. [1] »

[1] Quel devait être le titre de la pièce, et fut-elle écrite? Les indications matérielles me manquent à cet égard. Il y a mieux : quel était le titre du roman dont P. Servel était appelé

Puis, voici venir le maître fécond et heureux, M. Paul Foucher. Le maître, en sa lettre du 1er mai 1862, *sans nier le talent dont l'auteur y a fait preuve*, déclare qu'elle pèche par le *fond* et la *couleur*, et qu'il n'en voit pas l'admission possible à la scène.

M. Dutertre, l'homme à expérience consommée, un des doyens de la phalange des auteurs dramatiques, fait dire à Prosper Servel, par l'organe de son parent de Paris (lettres des 10 et 27 septembre 1861), qu'il a lu ses pièces, *qu'il y a beaucoup de bon*, mais que le défaut d'entente de la scène les empêchera de réussir jamais. Puis le madré, qui connaît le labyrinthe, ajoute : « Il man- » que surtout à Prosper Servel deux choses : la » faculté de la locomotion pour aborder et obséder » les gens, et la clef d'or pour triompher des » résistances. »

Ce n'est pas tout, Prosper Servel tenait à soumettre ses œuvres dramatiques à l'appréciation, et, en cas de bonne chance, à l'appui d'un grand maître, le célèbre Alexandre Dumas. Il choisit

à habiller un épisode en étoffe *de pourpre et de soie?* Je ne le sais pas davantage, et les informations que je me suis efforcé d'obtenir à Paris n'ont pas eu un meilleur résultat. Toutefois, je me le demande, la composition romanesque en question ne serait-elle pas empruntée au roman de Hildrett, *l'Esclave blanc*, qui eut un si grand succès après *l'Oncle Tom*, grace à la traduction du texte anglais qu'en fit et que publia M. Félix Mornand, avec la collaboration de M. P. de Wailly ?

pour intermédiaire **M. Michel Lévy**, le principal
éditeur de ses œuvres. Cet éditeur (lettre du mois
d'octobre 1862) ne trouve pas Prosper Servel téméraire ; mais un séjour prolongé de **M. Alexandre
Dumas** en Italie empêcha M. Lévy de réaliser ses
bonnes intentions.

Enfin Bocage, l'acteur dramatique en renom,
ne s'est pas cru déshonoré par l'appel fait à son
talent d'interprétation, et, *après avoir lu la pièce*
(laquelle ? je l'ignore), l'honore, à son tour, d'une
réponse (lettre du 24 mai 1861), et exprime son
regret d'avoir dit adieu à la scène.

J'arrête ici ce détail par le nom de M. Victor
Massé, déjà cité. L'auteur, qui voudrait pour
son opéra comique *le Moulin du diable* un interprète musical, n'a pas craint de faire appel
à M. Massé; et le maître, dans sa lettre du 14
avril 1861, présagée par une précédente de Mme.
Massé, du 27 mars, daigne lui dire qu'il a lu *avec
intérêt* son opéra, mais qu'*il regrette* de ne pouvoir lui assurer un rang utile dans ses traduc-
tions musicales, tout son temps étant d'ores et
déjà engagé pour plusieurs années : toutefois
M. Massé ne remercie pas moins Prosper Servel
d'avoir pensé à lui à ce propos.

Puis, ce qu'il y a d'assez singulier, c'est que,
toutes différences réservées au fond, Prosper
Servel s'était rencontré dans son titre avec un
prédécesseur. Il appelle son œuvre *le Diable au*

moulin ; mais , ajoute M. Victor Massé, il y a trois ans, une œuvre de ce nom a paru avec les paroles de MM. Carré et Barbier et la musique de M. Gevaërt. Prosper Servel corrigea donc son titre et le remplaça par celui du *Moulin du diable.* C'est là, du reste, la seule ressemblance existant entre les deux pièces, et c'est sous ce dernier titre que la pièce figure dans le recueil des manuscrits de l'auteur.

XII.

Avec des avertissements pareils, — je n'ai pas la preuve qu'ils ne s'appliquassent pas en même temps aux autres pièces du répertoire de Prosper Servel : les correspondants s'abstiennent souvent de donner la désignation des pièces, — il y avait de quoi être découragé. Mais la volonté de fer de Prosper Servel ne savait pas plier. D'ailleurs, le ballon était lancé : il fallait voir et aller jusqu'au bout.

Les pièces, suivant leur nature, sont donc présentées successivement, et avec insistance épistolaire de sa part, à l'Odéon, à l'Ambigu, au Gymnase, au Vaudeville, au Palais-Royal, à l'Opéra-Comique ; une d'elles même fait fausse route et va au théâtre des Folies-Dramatiques, où on lui dit : « *Nous ne pouvons ;* la chose n'est pas dans » notre domaine. »

Tout passa donc au crible depuis son premier

vaudeville *Un Jour d'échéance,* dont j'ai parlé avant tout le reste, jusqu'à la dernière de ses pièces dramatiques *le Barbier de Louis XI*, celle de ses œuvres à laquelle l'auteur tenait le plus. Cela dura trois années, depuis le commencement de 1859 jusqu'à la fin de 1862. L'honneur du drapeau était sauf, mais le drapeau n'avait pas été engagé.

XIII.

Enfin, à la suite de cette longue pérégrination, le tout revint au lieu du domicile, Montpellier : c'était en 1863 et 1864. Là une courte et nouvelle tentative devait être faite et ne pas aboutir davantage. Des pièces du crû non pourvues du baptême parisien, y pensez-vous! Cela, d'avance, sent toujours quelque peu le mort [1].

[1] Nous pourrions cependant, pour l'honneur local, citer ici de notables exceptions, arrivées à bien, il est vrai, dans des conditions où n'a rien à faire l'être infime dont l'histoire nous occupe. On pourrait dire que la phalange de nos auteurs dramatiques, soit que leur vol fût parti de notre scène provinciale, soit qu'il eût d'abord pris terre et reçu faveur sur les grandes scènes de la Capitale, est assez nombreuse ; et, pour se borner à quelques hommes d'élite des derniers temps, n'est-il pas louable pour nous d'avoir à enregistrer ici le nom de M. Duveyrier, qui, sous le pseudonyme de Melesville, fut, pendant de si longues années, l'heureux collaborateur de l'illustre Scribe, tout en se constituant pour lui un fonds scénique si applaudi? Mais voici venir une nouvelle génération dont M. Edmond Gondinet tient la tête, et que semble devoir suivre valeureusement M. Paul Ferrier. Je n'apprends

Vainement l'autorité municipale intervint auprès des directeurs de théâtre; vainement Prosper Servel eut de longs entretiens avec ceux-ci paraissant animés de bonnes intentions. Les corps-morts devaient, quant à présent, rester corps-morts. Heureusement, la poésie élégiaque était là, et fut là jusqu'à la fin pour bercer Prosper Servel dans les songes d'or.

En somme, tout le bagage littéraire de P. Servel : pièces de théâtre, poésies inédites, et surtout cette précieuse correspondance littéraire qui m'a été si utile et qui, si je ne me trompe, a dû répandre un louable intérêt sur cette étude, va devenir propriété publique. Une généreuse pensée de la famille l'a déjà offert à l'autorité municipale, avec l'espoir qu'il sera accepté et déposé, pour y rester, dans la bibliothèque de la ville. Avis aux personnes qui s'intéressent aux œuvres dramati ques en dehors des émotions de la scène !

rien à personne en rappelant qu'il y a quelques semaines un public enthousiaste applaudissait justement ici : le premier dans la pièce *la Cravate blanche,* déjà adoptée en haut lieu , et que vient de suivre non moins heureusement au Gymnase sa nouvelle pièce des *Grandes Demoiselles ;* le second dans sa pièce de *la Gageure de Junon.* Seulement , celle - ci n'avait pas encore l'attache parisienne ; elle vient de l'obtenir au Théâtre-Français avec le plus grand succès, sous le titre de *la Revanche d'Iris.* Notre public fut donc un appréciateur intelligent et juste. Le jeune M. Paul Ferrier n'a qu'à marcher dans la voie où il entre si brillamment.

XIV.

Devrai-je maintenant me livrer à un travail d'analyse? Je le devrais sans doute pour être complet. Mais ce serait sortir du cadre que je me suis imposé et auquel suffisent les appréciations de fond indiquées ci-dessus. D'ailleurs, ce serait ajouter de nouvelles longueurs à celles que je me suis permises et qu'on aura peut-être de la peine à me pardonner.

J'aime mieux me borner à quelques paroles empruntées aux conclusions d'un critique distingué à qui, par défiance de moi-même, j'ai ici respectueusement demandé son appréciation sur la partie importante du bagage dramatique de P. Servel: ses trois drames. Voici comment le critique en question formule sa pensée :

« Il y a, sans doute, dit-il, *des intentions* dans
» les trois pièces, mais aussi des lieux communs
» et de nombreuses réminiscences. Les conditions
» essentielles ont manqué au pauvre infirme : outre
» qu'il ne connaissait rien à la mise en scène, il
» n'avait eu aucune expérience du monde et de la
» vie, et savait assez mal l'histoire des temps et
» des pays où il a fait vivre ses personnages. Les
» études solitaires fort incomplètes ne lui avaient
» point appris le secret d'écrire, et, sans parler
» des longueurs et des incorrections qui trahissent

» en plus d'un endroit une main novice, il ne
» rencontre pas toujours le mot propre, et son ex-
» pression reste souvent au-dessous de l'*élévation*
» *de sa pensée.* »

La formule, où on peut recueillir cependant quelques bonnes paroles, est dure : elle entre dans le vif, et fournit de nouveaux arguments au *veto,* quelque peu louangeur mais absolu, de la critique parisienne. Je n'ai pas cru pouvoir ni devoir la dissimuler.

Cependant, qui sait si, grace au jour nouveau que cette étude aura faite sur P. Servel, grace à des retouches discrètes et intelligentes, sa mémoire ne sera pas soulagée plus tard ici même par des dédommagements posthumes venant à triompher de l'inanité des efforts héroïques dans lesquels se consuma cette vie courte et fiévreuse ?

XV.

L'espoir n'est pas défendu. Deux de ses pièces, son drame *le Barbier de Louis XI,* et son opéra comique *le Moulin du diable,* sont revêtus du seing approbatif de la censure préfectorale. Pour la première, les rôles avaient été donnés, arrêtés et copiés à part ; la seconde, que le maître déjà cité, M. Victor Massé, éprouva le regret de ne pouvoir mettre en musique, a reçu ici même son interprétation lyrique. Un de nos artistes connus,

M. Edouard Bérard , pianiste accompagnateur , se livrant avec succès à la composition , m'assure qu'il est prêt à tenir la promesse faite par lui à Prosper Servel.

Avant ce dernier, un acteur comique qui a laissé parmi nous de bons souvenirs, et qui interprétait sur la scène avec un brio remarqué les œuvres d'autrui et ses propres opérettes relevées par sa musique propre , M. Hervé , avait éprouvé de vives tentations à l'encontre de la pièce déjà citée, *le Moulin du diable.*

Voici un extrait de sa lettre du mois de janvier 1861 à Prosper Servel :

« Je vous félicite ; votre petit opéra comique est
» très-bien fait, et je regrette beaucoup que la
» besogne dont je suis accablé m'empêche d'en
» faire la musique. Mais vous ne manquerez pas
» de compositeurs qui seront enchantés de tra-
» vailler sur votre poëme ; et si, la chose faite,
» vous avez l'intention de l'offrir au théâtre, *ne*
» *pouvant vous seconder comme musicien,* il me
» serait fort agréable d'être votre *interprète comme*
» *acteur.*

» Recevez mes félicitations, etc. »

XVI.

J'ai à citer encore , au sujet de l'interprétation musicale dont notre auteur ambitionnait l'avantage, un dernier trait qui ne fut pas sans honneur pour lui, et qui, sans des circonstances étrangères, l'aurait été bien davantage pour la personne dont le nom y est mêlé.

Il s'agit d'une des pièces lyriques dialoguées terminant le volume des *Feuilles mortes*, et où j'ai déjà cité la pièce *Henri IV*, avec dédicace au général Yusuf, obtenue par l'intervention du jeune lieutenant attaché comme officier d'ordonnance à la personne du général et qui était un des habitués du *salon* Servel. L'officier, à qui j'ai fait allusion plus haut, et dont la modestie me permettra de trahir le nom de famille qui le lie à une classe de la haute société aristocratique de notre ville, M. Gaston d'Azémar, cultive, ai-je dit, la poésie et la composition musicale.

Prosper Servel se mit en tête de lui demander le complément lyrique de sa pièce; et voici comment, dans une lettre datée d'Avignon des premiers jours de juin 1864, l'officier répond à cet appel : on me saura gré de reproduire ici la missive du gracieux écrivain.

«..... Si je n'ai pas répondu sur-le-champ à
» l'envoi que vous m'avez fait de votre manuscrit,
» c'est que je tenais à le lire bien attentivement.
 » Vous me dites que vous seriez heureux si le
» sort favorisait votre *Henri IV*. Votre goût est
» ma règle, et j'ai lu et relu cette pièce pour

» m'en bien pénétrer, et me décide à en faire la
» musique.

» Les situations (point capital dans le théâtre
» lyrique) sont heureuses et bien dessinées ; l'in-
» trigue est simple et bien suivie : bref, il y a
» tous les éléments d'intérêt que réclame ce genre
» de poésie. Les couplets me paraissent d'une très-
» bonne facture, ce qu'il est difficile d'obtenir.

» Si je me permets quelques interpositions ou
» quelques petites coupures, je vous les soumet-
» trai auparavant, avec l'espoir que vous ne vous
» y opposerez pas.... »

Que dites-vous de cette délicatesse et de la finesse
de cette critique ? Pour un jeune auteur qui n'en
fait pas métier, on la dirait venir d'un maître.

La conclusion est celle-ci : « Je vais donc me
» mettre à l'œuvre, et je ferai de mon mieux pour
» que *vous soyez satisfait.* »

La mort imprévue et rapide du général, puis
le départ régimentaire du jeune officier (il appartenait au 64e de ligne), qui veut bien m'honorer
de ses lettres, vinrent mettre obstacle à la réalisa-
tion de ces projets. Tout se borna à l'ouverture
exécutée antérieurement ici aux applaudissements
du public, par l'orchestre de notre grand théâtre.
Ce fut là pour Prosper Servel le dernier échec de
sa vie, qui en connut tant.

XVII.

Cette étude est terminée. Il lui arrivera peut-
être cette mauvaise fortune d'être trouvée par
quelques personnes trop longue et surtout, en
présence des faits constatés, trop louangeuse. Je
réponds : Prosper Servel ne doit pas être apprécié
au point de vue général et commun. Il n'est ici,
pour employer une parole empruntée à la langue
des géomètres, qu'une abstraction , une sorte
d'objectif. Ce n'est pas sa personne qui est en
jeu, mais en lui une personnalité psychologique
et morale, assez rare dans l'histoire des lettres,
et peut-être appelée à y recevoir une place.

En attendant que la critique, si elle daigne
trouver le sujet et l'étude faite sur le sujet dignes
d'elle, veuille bien se prononcer, peut-être nous
sera-t-il permis de résumer en quelques mots les
conclusions qui en découlent et que je formulerai
ainsi, — si le mot n'est pas trop hardi : — conclusion scientifique, en contradiction sans doute
avec des thèses regrettables soutenues ailleurs,
et s'appuyant sur l'exemple d'un fait notable , à
savoir : un large développement de la pensée,
nonobstant l'absence presque absolue des organes
physiques rudimentaires ; conclusion philosophique et psychologique posée en regard d'une puissance intellectuelle arrivant par elle-même, se

suffisant presque à elle-même, et ne demandant aux ressorts incohérents de l'organisme que des stimulants énergiques ; enseignement pédagogique, non prévu sans doute par les programmes officiels, et affirmant qu'au point de vue psychologique la recrudescence de la douleur physique, subie avec résignation, peut être, dans des cas exceptionnels, un moteur doué d'une souveraine puissance ; est-ce tout ? Non ; mais surtout enseignement moral et religieux destiné à procurer aux martyrs de cette cause bien doués l'apaisement et la perspective des sublimes espérances !

Dans les dernières années de sa vie, Prosper Servel s'était fait là un champ de repos : l'inspiration poétique l'élevait jusqu'au seuil de ces vastes régions et l'y maintenait..... En aura-t-il franchi les limites ? Espérons-le pour lui. Surtout, et sans sortir de notre domaine, espérons que de ces hautes cimes jailliront, à son bénéfice, quelques lueurs bienfaisantes profitables à sa renommée littéraire. L'encouragement vient de haut et s'adresse aux martyrs résignés ; il descend, à mes yeux, de cette parole du saint livre, que, dans un sens dérivé, ma témérité, excessive peut-être, mais excusable vu le milieu où est placée cette étude, peut se permettre de consigner ici ! *Opera eorum sequuntur illos.*

MONTPELLER, IMPRIMERIE DE J. MARTEL AINÉ.